Hartmut E. Höfele / Susanne Steffe

Wind, Wind, sause!

Herbst- und Martinslieder

Mit Illustrationen von Yvonne Hoppe-Engbring

HERDER

FREIBURG · BASEL · WIEN

Inhalt

Hör zu & mach mit

Singen stärkt das Selbstbewusstsein und fördert die Sprachentwicklung von Kindern – das ist inzwischen längst kein Geheimnis mehr. Vor allem aber macht Singen Spaß!

Hör zu & mach mit! – das ist nicht nur ein Name, sondern eine Einladung: Die CD lädt zum Reinhören ein – schwungvolle Arrangements mit natürlichen Kinderstimmen machen Lust aufs Mitsingen. Und zum Mitmachen gibt's im liebevoll illustrierten Buch eine Fülle von Ideen zur bewegten Umsetzung der Lieder sowie Vorschläge für vertiefende Aktionen. Musikalisch versiertere Erwachsene finden hier alle Noten mit Gitarrengriffen und können selbst das Singen der Kinder begleiten.

Das Buch

klares Notenbild • die ersten drei Liedstrophen sind direkt unter dem Notensatz aufgeführt – zum leichteren Mitsingen • mit Gitarrenbegleitakkorden • alle Lieder in kindgerechter Tonlage • mit Vorschlägen zur Umsetzung der Lieder in fantasieanregenden Spiel- oder Bastelaktionen • mit einer spannenden Geschichte

Die CD

sorgfältige und abwechslungsreiche Arrangements • mit Kindern aufgenommen, die locker und ungekünstelt singen • alle Lieder mit Instrumentalversion zum Mitsingen • grenzenloses Hörvergnügen dank mitreißender Überleitungen zwischen den Liedern (die CD ist zum Durchhören als „Hörspiel" geeignet)

Wind, Wind sause!

Die Herbstzeit, das ist die Zeit der bunten Blätter, die von den Bäumen fallen. Manchmal ist das Wetter strahlend schön, und das Draußenspielen macht den Kindern einen Riesenspaß: Drachen steigen lassen und in raschelnden Blätterhaufen herumspringen, Nüsse sammeln, Hagebutten und Kastanien.

Aber im Herbst wird es auch kühler, manchmal treibt der Wind den Regen übers Land. Trübes Wetter muss die gute Herbstlaune nicht verderben: Durch Pfützen quitschen und quatschen, das ist bei jedem Wetter toll!

Passend zu dieser turbulenten Jahreszeit haben wir 15 **Herbst- und Martinslieder** und viele Spielideen zusammengestellt.
In unserer Sammlung ist für jede Herbstlaune und Gelegenheit etwas dabei. Das Erntedankfest wird musikalisch gewürdigt, und auch für die Halloweenparty haben wir den passenden Kinderhit. Im November wird aber auch der Martinstag gefeiert, da dürfen natürlich Laternenlieder nicht fehlen! Lichterfeste gibt es auch in anderen Kulturen – und da haben wir wunderschöne Lieder und Aktionen aus fernen Ländern gefunden ...

Viel Spaß mit unseren herbstlichen Klängen und Aktionen.

Der Herbst ist da!

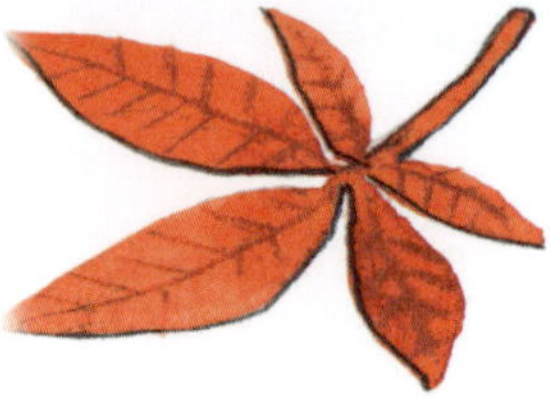

Musik und Text: Hans-Reinhard Franzke
Aus: Herbst- und Martinslieder © Fidula Verlag

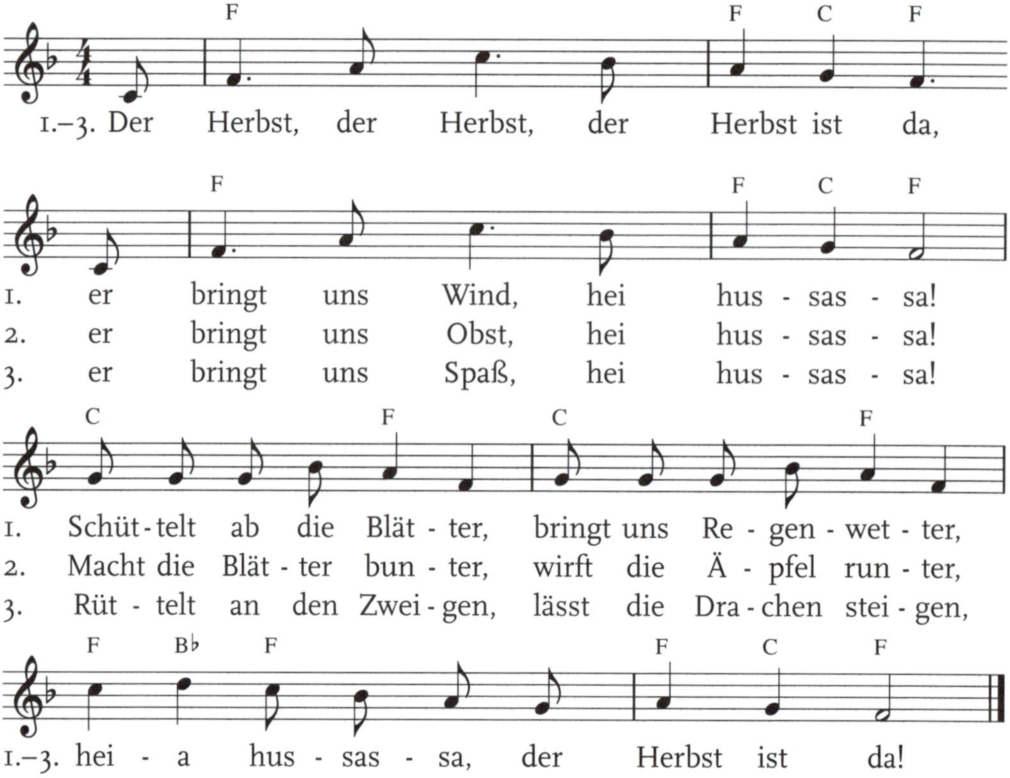
F F C F
1.–3. Der Herbst, der Herbst, der Herbst ist da,
F F C F
1. er bringt uns Wind, hei hus - sas - sa!
2. er bringt uns Obst, hei hus - sas - sa!
3. er bringt uns Spaß, hei hus - sas - sa!
C F C F
1. Schüt-telt ab die Blät - ter, bringt uns Re - gen - wet - ter,
2. Macht die Blät - ter bun - ter, wirft die Ä - pfel run - ter,
3. Rüt - telt an den Zwei-gen, lässt die Dra-chen stei-gen,
F B♭ F F C F
1.–3. hei - a hus - sas - sa, der Herbst ist da!

Dieses bekannte Lied eignet sich für Kinder ab 3 Jahren und kommt auch in der Kita immer wieder gut an. Die Kleinen lieben besonders das „hei hussassa!“.

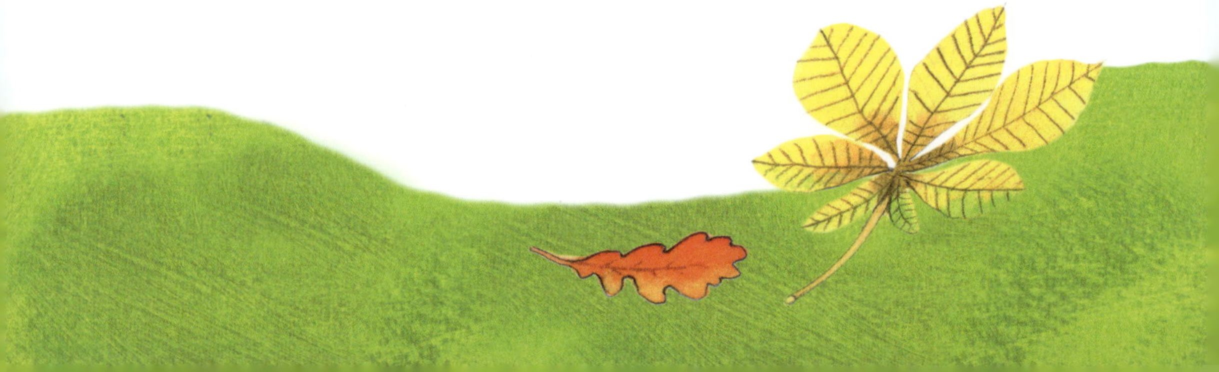

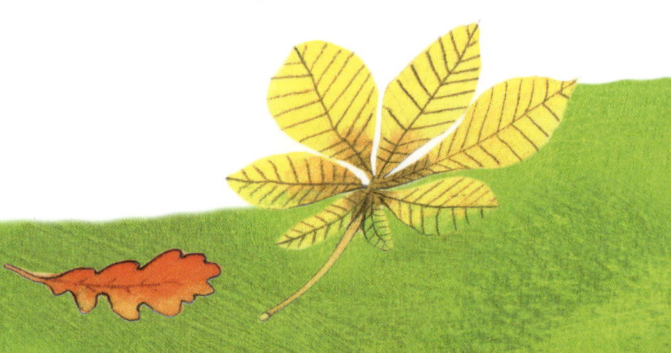

Herbstfühlungen

Alter: ab 3 Jahren

Material: Apfel, Birne, Haselnuss, Walnuss, Pflaume, Pilz, Herbstblatt, Kastanie, Buchecker, Maiskolben, Rübe, Kartoffel, Tannenzapfen, Kürbis, Korb mit Tuch oder Krabbelsack

Fühlt doch mal und lasst uns den Herbst gemeinsam begreifen! Herbstliche Gegenstände ertasten, erfühlen und benennen – das fördert nicht nur die taktile Wahrnehmung, sondern trägt auch zur sensorischen Integration bei. Damit ist die Zusammenführung und Verarbeitung verschiedener Sinnesreize im Gehirn gemeint.

So geht's: Die Gegenstände in den Korb legen und mit einem Tuch zudecken.

Die Kinder dürfen nacheinander in den Korb greifen.

Jedes Kind betastet die Herbstgegenstände und sucht sich einen aus (ohne ihn herauszunehmen!). Anschließend beschreibt es möglichst genau, wie sich dieser anfühlt, z. B. glatt, rund, klein, groß, usw.

Die übrigen Kinder raten, worum es sich dabei handeln könnte. Wenn richtig geraten wurde, wird der Gegenstand herausgeholt, und dann darf jedes Kind vorschlagen, was man draus machen könnte.

Wenn sich im Wind die Bäume wiegen

Musik: Dorle Ferber
Text: Hartmut E. Höfele

1. Wenn sich im Wind die Bäu - me wie - gen,
2. Wenn Blät - ter durch die Ge - gend flie - gen,
3. Wenn in der Luft die Dra - chen flat - tern,

1.–3. hin und her, hin und her, ru - fen wir laut: Hur -

1.–3. ra! Der Herbst ist wie - der da! Ja, ja,

1.–3. ja, der Herbst ist wie - der da.

4. Wenn Wolken um die Wette flitzen,
hin und her, hin und her,
rufen wir laut: Hurra!
Der Herbst ist wieder da!
Ja, ja, ja, der Herbst ist wieder da.

5. Wenn Igel durch den Garten huschen,
hin und her, hin und her,
rufen wir laut: Hurra!
Der Herbst ist wieder da!
Ja, ja, ja, der Herbst ist wieder da –
Husch, husch!

Wir wiegen uns jetzt hin und her ...

Wie ein sanfter Herbstwind bewegt sich das Lied im wiegenden 6/8-Takt hin und her. Und da ist es ganz klar: Alle bewegen sich mit! Zuerst einmal die CD-Version anhören, dann mitsingen. Die Bewegungen ergeben sich fast von selbst. Vielleicht gibt ein Kind Vorschläge vor, dann singen und bewegen alle gemeinsam das Lied (evtl. zur Instrumentalversion von der CD).

Alter: ab 3 Jahren

So geht's: Die Kinder stehen im Kreis, singen das Lied und führen die entsprechenden Bewegungen aus.

Wenn sich im Wind die Bäume wiegen ...	*Sich hin und her wiegen wie die Bäume im Wind*
Wenn Blätter durch die Gegend fliegen ...	*Beide Arme in die Luft strecken*
Wenn in der Luft die Drachen flattern ...	*Mit den Händen nach links und rechts Flatterbewegungen machen*
Wenn Wolken um die Wette flitzen ...	*Mit den Händen eine schöne Wolke beschreiben, die sich hin und her bewegt*
Wenn Igel durch den Garten huschen ...	*In den Vierfüßler gehen und ein paar Schritte hin und her huschen*

Blätterfall, Blätterfall

Melodie: volkstümlich, Bearbeitung: Dorle Ferber
Text: volkstümlich, Bearbeitung: Hartmut E. Höfele

1. Blät-ter-fall, Blät-ter-fall, gel-be Blät-ter ü-ber-all,
2. Blät-ter-fall, Blät-ter-fall, ro-te Blät-ter ü-ber-all,

1.–2. ra-schel, ra-schel, es wird kalt, und der Schnee be-

1.–2. deckt sie bald. Lang-sam fällt jetzt Blatt für Blatt,

1.–2. von den bun-ten Bäu-men ab.

Der Verfasser des Liedes ist unbekannt, aber es gehört mit seiner einfachen Melodie, dem kurzen, leicht nachvollziehbaren Text zu den Herbstlied-Klassikern in Kita und Kindergarten. Es ist schon für Zweijährige geeignet und beschreibt wunderbar, was diese Jahreszeit ausmacht: die Farben, das Blättergeraschel und die Aussicht auf den ersten Schnee.

Blätterfall-Fingerspiel

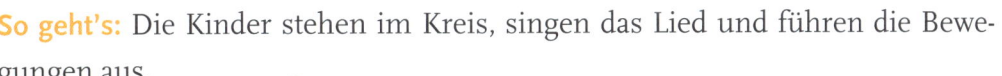

Alter: ab 3 Jahren

So geht's: Die Kinder stehen im Kreis, singen das Lied und führen die Bewegungen aus.

Blätterfall, Blätterfall,	*Beide Hände nach oben ausstrecken, Finger zappeln lassen und von oben nach unten bewegen,*
gelbe Blätter überall,	*die zappelnden Hände kreuzen.*
raschel, raschel, es wird kalt	*Die Hände reiben.*
und der Schnee bedeckt sie bald.	*Wie am Anfang: Beide Hände nach oben ausstrecken, Finger zappeln lassen und von oben nach unten bewegen.*
Langsam fällt jetzt Blatt für Blatt, von den bunten Bäumen ab.	*Erst die eine, dann die anderen Hand mit zappelnden Fingern nach oben strecken und langsam nach unten führen.*

Lauter bunte Blätter — Herstlaubbastelei

Alter: ab 3 Jahren

So geht's: Zuerst geht's raus in die Natur. Am besten an einem „goldenen" Herbsttag. Die Kinder sammeln viele verschiedene bunte Blätter. Zu nass oder schmutzig sollten diese aber nicht sein. Und dann:

Blätter angucken

Zurück in der Einrichtung breiten die Kinder die Blätter auf einem Tisch aus. Nun werden sie genau begutachtet. Welches Blatt ist denn das Schönste?

Blätter pressen

Die Blätter zwischen saugfähiges Papier (Altpapier, alte Zeitung, altes Telefonbuch etc.) legen und etwas Schweres wie zum Beispiel ein dickes Buch oben drauf platzieren. Ein wenig Geduld ist dann gefragt, denn es kann ein paar Tage dauern, bis die Blätter trocken gepresst sind.

Der Herbst lädt zum Basteln ein, denn in dieser Zeit beschenkt uns die Natur mit einer Überfülle an geeigneten Materialien. Vor allem die bunten Blätter der Laubbäume bilden immer wieder eine sehr inspirierende Grundlage für die Entwicklung von Bastelideen. Blätter sind einfach ein tolles Ausgangsmaterial: Es gibt sie in allen erdenklichen Größen und Formen. Die Farbenvielfalt reicht von Gelb über Orange und Rot bis hin zu Braun. Und das alles gibt es umsonst.

Herbstblatt-Bilder zaubern

Mit dem bunten Laub gestalten die Kinder nach Lust und Laune herbstliche Collagen oder lustige Figuren. Vielleicht versuchen die größeren Kinder auch mal, Käfer auf das Papier zu zaubern? Oder andere Tiere? Das macht total viel Spaß. Aus Blattrippen lassen sich zum Beispiel tolle Fühler basteln. Das ist eine schöne feinmotorische Übung für zarte Fingerchen. Manche Kinder sind dabei sehr geschickt, andere beeindrucken durch die Kreativität ihrer Kunstwerke oder durch Ausdrucksstärke.

Material: viele gepresste Blätter, Papier, lösungsmittelfreier Tapetenkleister, Schüssel, Wasser, Borstenpinsel

Vorbereitung: Den Tapetenkleister nach Anweisung des Herstellers anrühren. Den Tisch abdecken. Die Kleisterschüssel kommt in die Mitte. Alle sollten gut drankommen, ansonsten ist es ratsam, den Kleister in zwei oder mehr Schüsseln zu portionieren.

So geht's: Jedes Kind bekommt ein Blatt Papier, um darauf aus seinen Lieblingsblättern ein Kunstwerk zu gestalten. Zuerst wird aus- und herumprobiert, ohne zu kleben. Dann mit einem Pinsel das Blatt mit Kleister einstreichen. Aber nicht zu viel nehmen! Und dann die Blätter auf das Papier legen und andrücken.

Tipp: Ein auf einem Stück Tapete oder großformatigem Papier gemeinsam geklebtes Blätter-Bild ist eine tolle Herbstdekoration (nicht nur) für den Gruppenraum.

Wind, Wind, sause

Musik: Dorle Ferber
Text: Hartmut E. Höfele

1.–2. Wind, Wind, sau - se, sau - se mit Ge - brau - se.

1. Stürmst dass sich die Bäu - me bie - gen,
2. Treibst wild die Wol - ken vor dir her,

1. Blät - ter durch die Lüf - te flie - gen. Wir wol - len Blätt - er
2. bläst mal stark, mal we - ni - ger. Jetzt weiß es bald je - des

1. fan - gen, der Som - mer ist ver - gan - gen.
2. Kind, dass end - lich der Herbst be - ginnt.

1.–2. Wind, Wind, sau - se, sau - se mit Ge - brau - se.

Das stimmungsvolle Bewegungslied kommt zur Abwechslung mal in einer herbstwin-
digen Moll-Stimmung (d-Moll) daher und lädt mit seinem beschwingten 6/8-Takt
kleine und große Kinder zu bewegten Windspielereien ein.

Kling, ping, klong –
Wir spielen mit dem Wind

Alter: ab 5 Jahren

Material: Dosen, Utensilien aus Küche und Werkstatt, ausgediente CDs, Plastiktüten, Schere, Schnur, Stöcke

Im Herbst ist es oft stürmisch, da bietet es sich an, mal „viel Wind" ums Thema Wind zu machen. Dass es Wind gibt, wissen alle Kinder. Aber was ist eigentlich Wind? Ganz einfach: Wind ist Luft, die sich bewegt. Und Luft ist immer und überall, auch wenn wir sie nicht sehen oder spüren. Den Wind können wir allerdings spüren – und wir können ihn sogar sicht- und hörbar machen – mit kreativen Windspielen! Das ist ein faszinierendes Schauspiel!

Kling-klang-Klimperorchester

So geht's: Dosen und andere „klingende" Gegenstände aus Küche und Werkstatt (Löffel, Schraubenzieher etc.) mit einer Schnur an einem Ast im Garten aufhängen, und zwar so, dass sie sich gegenseitig leicht berühren. Bläst der Wind, erklingt ein Klimperorchester.

Glitzer-Funkel-Windspiel

So geht's: CDs an einer Schnur (Nylonschnur) auffädeln und an einem Baumast aufhängen. Wenn der Wind bläst und die Sonne scheint, glitzern und funkeln die Scheiben.

Flatter-Windfahne

So geht's: Die Plastiktüten an den Schweißnähten aufschneiden und in lange Streifen schneiden. Die Plastikstreifen an einem Stock befestigen – und schon ist die Windfahne fertig.

Mein Drachen steigt zum Himmel auf

Musik: Dorle Ferber
Text: Hartmut E. Höfele

Strophe

1. Flieg hoch mein klei-ner Dra-chen, hey, flieg so hoch du kannst!
2. Flieg hoch mein klei-ner Dra-chen, die Schnur ist straff ge-spannt!
3. Flieg hoch mein klei-ner Dra-chen, ich pass gut auf dich auf!

Kehrreim

1. Ich will jetzt end-lich seh'n wie du am ___ Him-mel tanzt. 1.–3.
2. Ich halt dich an der Lei-ne ganz fest in mei-ner Hand. Wenn's
3. Steig hoch und im-mer hö-her bis zu den Wol-ken auf.

1.–3. drau-ßen stürmt und win-dig ist, ist end-lich Dra-chen-zeit.

1.–3. Ja, dann wol-len wir zei-gen wie uns-re Dra-chen stei-gen.

4. Flieg hoch mein kleiner Drachen
   bis zu den Wolken rauf.
   Dabei hängst du ja nur
   an meiner Drachenschnur.

Dragolinos – kunterbunte Papierdrachen

Mit den jüngeren Kindern basteln wir kunterbunte Drachen, die garantiert nicht davonfliegen ...

Alter: ab 4 Jahren

Material: für jedes Kind 1 farbiges Tonpapierquadrat, Schnur oder Wolle, bunte Tonpapierreste und/oder Krepppapierstreifen, Schere, Klebstoff

So geht's: Das Papier diagonal zur Hälfte falten. Es entsteht ein Dreieck.

Das Dreieck wieder öffnen.

Die rechte und linke untere Außenkante zur neu gefalteten Mittellinie falten. Die umgefalteten Papierdrachenseiten festkleben.

Nun bekommt der Drachen noch ein Gesicht: Mund, Augen, Nase, alles aus Tonpapier. Außerdem könnte er bunte Punkte bekommen oder Streifen oder ...

Ein Stück Schnur oder Wolle als Drachenschnur unten ankleben. An diese Schnur bunte zugeschnittene Papierstückchen oder Schleifen aus Krepppapier anbinden.

Wir holen uns mit diesem Lied den Herbst ins Haus: Alle Kinder bekommen bunte Chiffontücher als „Drachen". Während sie das Lied singen, schwingen sie die Tücher hin und her, auf und nieder.

Das Erntedank Oktoberlied

Musik: Dorle Ferber
Text: Hartmut E. Höfele

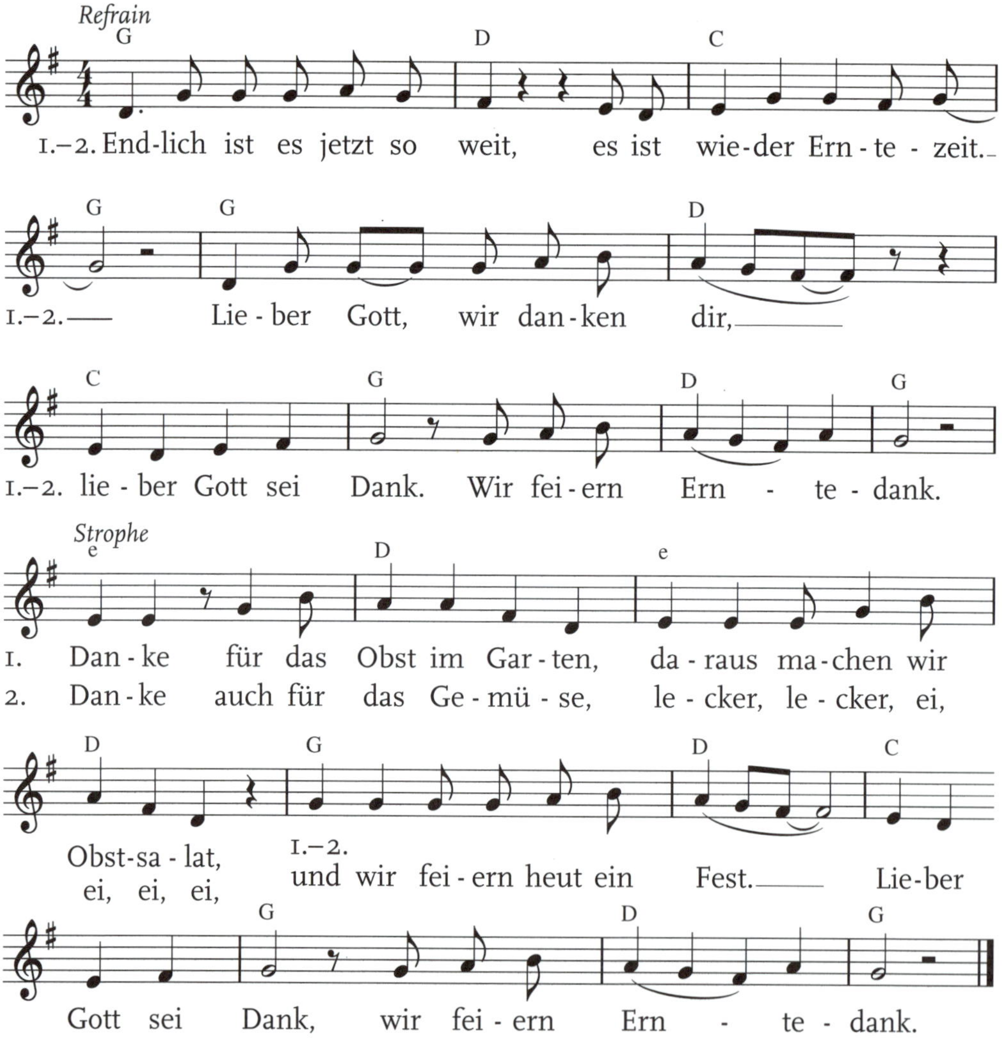
Refrain
G D C
1.–2. End-lich ist es jetzt so weit, es ist wie-der Ern - te - zeit.
G G D
1.–2. Lie - ber Gott, wir dan-ken dir,
C G D G
1.–2. lie - ber Gott sei Dank. Wir fei-ern Ern - te - dank.
Strophe
e D e
1. Dan-ke für das Obst im Gar-ten, da - raus ma-chen wir
2. Dan-ke auch für das Ge - mü - se, le - cker, le - cker, ei,
D G D C
Obst-sa - lat,
ei, ei, ei,
1.–2.
und wir fei - ern heut ein Fest. Lie-ber
G D G
Gott sei Dank, wir fei - ern Ern - te - dank.

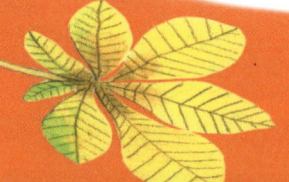

Spielanregung: Ein großer Korb mit verschiedenen Erntegaben kommt in die Mitte des Spielkreises. Alle versammeln sich (im Morgenkreis oder bei einem Erntefest) um die „Ernte" und singen gemeinsam das Lied. Das ist übrigens eine gute Gelegenheit, um die selbst gebastelte Erntekrone (siehe S. 21) aufzusetzen ...

Variante: Den Korb mit Gemüse füllen (Tomaten, Zucchini, Auberginen, Paprika, Zwiebeln und Knoblauch). Statt „Lecker, lecker, ei, ei, ei" singen alle: „Daraus machen wir Ratatouille" – und das superleckere Gemüsegericht aus Frankreich wird anschließend gemeinsam zubereitet.

Die Früchte des Herbstes

Zur Erntezeit und um das Erntedankfest herum wird in vielen Einrichtungen ein Tisch oder ein bestimmter Platz herbstlich geschmückt. In die Mitte kommt vielleicht ein Korb, in dem Früchte, Gemüse und Nüsse usw. schön angerichtet präsentiert werden. Manchmal gestalten die Kinder aus selbst Gebasteltem eine Herbstlandschaft. Eine Erntekrone gehört auch dazu. Und neben dem Basteln darf natürlich das Spielen mit den herrlichen Herbstfrüchten nicht zu kurz kommen!

Im Herbst sammeln die Kinder ganz begeistert schöne glatte braune Kastanien, bis sich die Taschen ausbeulen. Und dann? Was macht man nun mit diesen wonnigen Kugeln? Da gibt es verschiedene Möglichkeiten. Zum Beispiel kann man sie für das folgende taktile Wahrnehmungsspiel verwenden.

Kastanien-König

Alter: ab 3 Jahren

Material: Korb, viele Kastanien, dicke Murmel, Augenbinde

Vorbereitung: Einen Korb mit Kastanien füllen und die Murmel darin versenken.

So geht's: Ein Kind nach dem anderen darf mit verbundenen Augen so lange im Kastanienkorb wühlen, bis es die Murmel gefunden hat.
Wenn die Murmel gefunden ist, darf unsere Erntekönigin die Erntekrone (Anleitung siehe rechts) aufsetzen und so lange tragen, bis das nächste Kind seine Murmel ertastet hat.

Erntekrone

Alter: ab 4 Jahren

Material: ca. 15 cm breite dünne goldene oder silberne Pappstreifen, Schere, Klebstoff, alle möglichen herbstlichen Naturmaterialen wie Ähren, Hagebutten, bunte Blätter, Eicheln, Maisblätter oder kleine Kolben, Tacker

So geht's: Den Pappstreifen am Kopf des Kindes abmessen und auf passende Länge abschneiden. Dann in eine Seite Zacken schneiden und eine schöne Krone draus machen. Die Enden zutackern.
Die Kinder bekleben die Korne mit herbstlichen Materialien, so wie es ihnen gefällt.

Kleiner Kastanienzirkus

Alter: ab 4 Jahren

Kastanien eignen sich sogar für „zirkusreife" Kinderaktionen!

Material: viele Kastanien, Seilmarkierung mit Klebeband

Vorbereitung: Ein „Seil" mit Klebeband auf dem Boden markieren

So geht's: Die Kinder versuchen erst mal eine einzelne Kastanie auf dem Kopf zu balancieren.
Im nächsten Schritt gehen sie dabei vorsichtig über die Seilmarkierung.
Wenn das klappt, wird noch je eine Kastanie auf die Handflächen gelegt. Arme seitwärts ausstrecken und wieder über das „Seil" balancieren.

Quitsch, quatsch, quatsch –
Das Gummistiefel Pfützenlied

Musik: Dorle Ferber
Text: Hartmut E. Höfele

14 35

Strophe

1.–3.   Quitsch, quatsch, quatsch, wir   lau - fen durch den Matsch.

1.   Wir   zieh'n die   Gum - mi - stie - fel   an   und
2.   Wir   zieh'n die   Re - gen - ja - cken   an   und
3.   Wir   brau - chen kei - nen   Re - gen - schirm und

1.–3. lau - fen quit - sche, quatsch,   ein - fach durch den Matsch.

Refrain

1.–3. Quitsch, quatsch, quatsch.   Pit - sche, pit - sche, patsch. Wir

1.–3. sta - pfen durch die Pfüt - zen und   wat - scheln durch den Matsch.

Die Kinder hopsen im Herbstregen nur zu gerne mit Gummistiefeln lustig mitten durch die Pfützen. Ach, wie schön das patscht und quatscht, und überall ist Matsch. Dazu passt dies Lied, bei dem die Geräusche nachgemacht werden. Wenn die Kinder bei diesem fröhlich rhythmischen Roundabout ins Quitschen und Quatschen kommen, mag keiner mehr aufhören.

Gummistiefelkrabbeltier

Alter: ab 3 Jahren

Material: 4 verschiedene Gummistiefel je Teilnehmer

Vorbereitung: Eine Strecke oder auch einen Parcours mit Start- und Ziellinie sowie einfachen Hindernissen vorbereiten.

Ei, was haben wir denn hier? Ein Gummistiefelkrabbeltier ... und noch eins, und noch eins ... Na, die sehen ja lustig aus. Ein Bewegungsspiel nicht nur für Regentage.

So geht's: Alle Kinder ziehen Gummistiefel an die Füße – und auch an die Hände. So „bestiefelt" startet das Rennen an der Startlinie. Alle gehen in den Vierfüßler und warten auf das Startzeichen der Spielleitung. Jeder krabbelt nun auf allen vieren so schnell wie möglich dem Zielpunkt entgegen.

Variante für die älteren Kinder: Wer einen Stiefel verliert, muss zurück an den Start.

Ein Hut, ein Stock, ein Regenschirm

Melodie und Text: traditionell
Musikalische Bearbeitung: Dorle Ferber

Im Rhythmus beim Gehen sprechen:

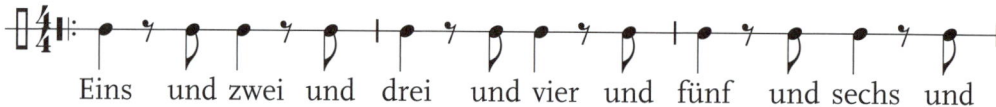

Eins   und zwei   und   drei   und vier   und   fünf   und sechs   und

sie-ben   und acht, ein   Hut,   ein Stock,   ein   Re - gen - schirm, und

vor - wärts, rück - wärts, seit - wärts, ran   und ...

Dieses traditionelle Rhythmus-Spiellied, das die Koordination von Sprache und Bewegung fördert, erleichtert Kindergruppen bei einem gemeinsamen Spaziergang das Wandern. Da bleibt einfach keine Gelegenheit für „Kann nicht mehr laufen" und „Wie weit isses denn noch?" ...

Bewegungsspaß mit Stock und Schirm

Das macht den Kindern tatsächlich seit Generationen immer wieder großen Spaß.

Alter: ab 3 Jahren

So geht's: Die Kinder stellen sich nebeneinander auf und fassen sich an den Händen (oder haken sich ein).
Nun beginnen sie, im Rhythmus zu marschieren. Am besten fangen alle mit dem rechten Fuß an. Die Spielleitung macht das vor.
Dabei sprechen oder singen alle gemeinsam im Takt jeweils eine Silbe des Textes.

- Bei dem Worten „vorwärts, rückwärts" und „seitwärts" bleiben die Kinder kurz stehen und tippen den rechten Fuß in die entsprechende Richtung.
- Bei „ran" wird der rechte Fuß wieder neben den linken Fuß gestellt und das Ganze geht wieder von vorne los.

Variante: Die Kinder stellen sich hintereinander auf und fassen jeweils auf die Schultern des Vordermanns. Dann ist es noch ein bisschen schwieriger.

Ein Männlein steht im Walde

Melodie: volkstümlich, Bearbeitung: Dorle Ferber
Text: August Heinrich Hoffmann von Fallersleben (1798–1874)

1. Ein Männ-lein steht im Wal-de ganz still und stumm. Es
2. Das Männ-lein steht im Wal-de auf ein-em Bein und

1. hat von lau-ter Pur-pur ein Mänt-lein um.
2. hat auf sei-nem Haup-te schwarz Käpp-lein klein.

1.–2. Sagt, wer mag das Männ-lein sein, das da steht im Wald al-lein,

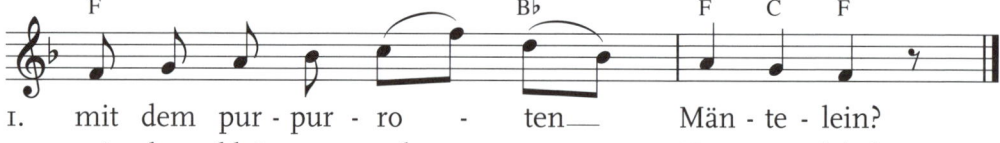

1. mit dem pur-pur-ro-ten— Män-te-lein?
2. mit dem klei-nen schwar-zen— Käp-pe-lein?

Spielanregung: Die Kindergruppe singt das Lied. Am Ende spricht ein Kind des Rätsels Lösung:

Das Männlein dort auf einem Bein
mit seinem roten Mäntelein
und seinem schwarzen Käppelein
kann nur die Hagebutte sein.

Dem Dichter August Heinrich Hoffmann verdanken wir nicht nur ungezählte unserer bekanntesten Volks- und Kinderlieder, sondern auch den Text der deutschen Nationalhymne. Bereits während seiner Studienzeit nannte er sich nach seinem winzigen Geburtsort „von Fallersleben", um Verwechslungen mit anderen Hoffmanns zu vermeiden. Das „Männlein im Walde" gehört zu den alten und doch ewig aktuellen Herbstliedern, die wirklich jedes Kind kennt.

Schönen Gruß
aus der Kinder-Herbst-
werkstatt. Auf unserem
Programm stehen total wilde
Basteleien mit Hagebutten. Frisch
gepflückte Hagebutten sind ja eher
weich. Sie eignen sich daher gut für
Basteleien mit jüngeren Kindern.
Ob Kette oder Schweinchen,
ob zahm oder wild, die Pro-
dukte sind wunderschön
herbstrot.

Hagebuttenkette

Aus weichen Hagebutten, die im September oder Oktober gepflückt werden, können die Kinder eine hübsche Kette basteln, entweder für den Hals oder als Dekoration für den Tisch oder ...

Alter: ab 3 Jahren

Material: Nadel, festes Garn, Schere, Backblech

So geht's: In das Garn einen Knoten an ein Ende machen. Dann die Hagebutten auffädeln.
Die fertigen Ketten einige Stunden im Backofen bei schwacher Hitze trocknen.

Oink-Oink, das freche Hagebuttenschwein

Alter: ab 3 Jahren (mit Unterstützung der Erwachsenen)

Material: Hagebutten, Schere, Messer, Streichhölzer, Permanentfilzstift mit dünner Spitze, Tonpapierreste, Lineal

Vorbereitung: Einen Spaziergang machen und viele frische Hagebutten sammeln. Für die Kleinen bereitet die Spielleitung die Materialien vor. Ansonsten wird zusammen vorbereitet und die Spielleitung unterstützt beim Schneiden mit dem Messer.

So geht's: Die Hagebutten sauber wischen. Mit dem Messer vertrocknete Blütenreste entfernen. Die Hagebutte soll nur einen kurzen Stiel behalten.
Vier Streichhölzer auf 2 cm Länge zuschneiden. Das eine Ende bleibt gerade. Das andere mit Messer oder Schere anschrägen.
Auf Papierreste zwei Ohren in Form von Tropfen aufmalen und ausschneiden.

In die eine Seite der Hagebutte mit den angeschrägten Streichholzenden Löchlein für die Beine bohren. Wenn die Haut hart ist, muss die Spielleitung vielleicht mit der Schere vorbohren.
Dann die Streichholzbeinchen reinstecken und das Schweinchen mal auf die Beine stellen. Und? Steht es?
Danach oben in die Hagebutte zwei Löcher für die Ohren bohren und diese mit dem spitzen Ende zuerst hineinstecken.

Tipp: Das Schweinchen könnte auch noch Augen und einen Ringelschwanz gebrauchen.

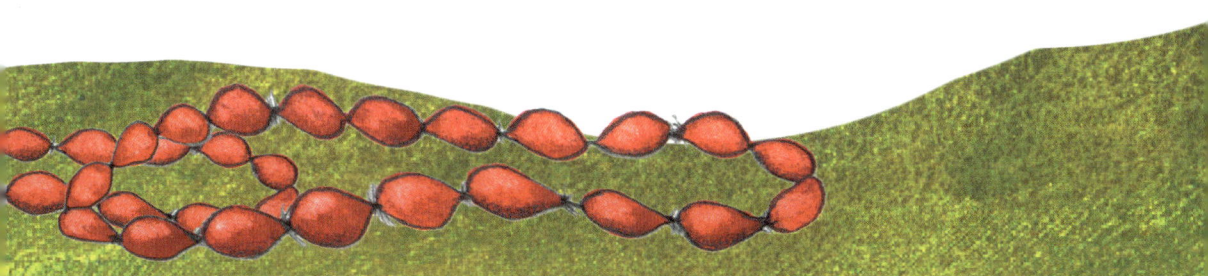

Hallo, bald ist Halloween – Halloween is coming soon

Melodie und Text: volkstümlich, aus Großbritannien
Dt. Text und musikalische Bearbeitung: Dorle Ferber

20 37

1. Hal - lo, bald ist Hal - lo - ween, Hal - lo - ween, Hal - lo - ween.
2. Schwar - ze Kat - ze auf dem Zaun, auf dem Zaun, auf dem Zaun.
3. Klei - nes Käuzchen ruft im Baum, ruft im Baum, ruft im Baum.

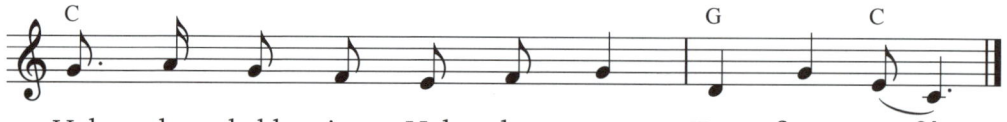

1. Hal - lo, bald ist Hal - lo - ween: Was für'n Spaß!
2. Schwar - ze Kat - ze auf dem Zaun: Miau, miau, miau!
3. Klei - nes Käuz - chen ruft im Baum: Huu, huu, huu!

4. Hexe auf dem Besen fliegt,
   Besen fliegt, Besen fliegt.
   Hexe auf dem Besen fliegt:
   Iiii, iiii, iiii!

5. Grinst dich an ein Kürbisgeist,
   Kürbisgeist, Kürbisgeist.
   Grinst dich an ein Kürbisgeist:
   Oh, oh, oh!

6. Halloween is coming soon,
   coming soon, coming soon.
   Halloween is coming soon:
   Oh, what fun!

Hallo, Halloween.
Was für ein Spaß! Davon
singt das Lied und erzählt vom
leichten Gruseln, das zu diesem Ereig-
nis einfach dazugehört – und von den
Kindern oft ungeduldig erwartet wird.
Endlich dürfen sie sich schön gruselig
verkleiden und mal richtig gespenstern
und herummonstern ... Das Interessante
daran ist wohl, dass die übliche Rollen-
verteilung zwischen Erwachsenen und
Kindern an diesem Tag ein wenig auf
den Kopf gestellt wird – wenigs-
tens bei einer zünftigen
Halloweenparty.

Gruselpolonaise mit Biss

Ein bewegtes, nicht allzu gruseliges
Gruselspiel für die Halloween-Party,
bei dem die schrecklichen Wesen
Namen bekommen ...

Alter: ab 4 Jahren

Material: etwa
150 cm langer Stock oder Besen-
stiel, Musik von CD (Halloween is
coming soon, Track 20)

Vorbereitung: Die Kinder verkleiden sich
schön gruselig.

So geht's: Die Gruselgestalten tanzen zur Musik herum wie sie wollen. Stoppt
die Musik, bilden die Kinder schnell Paare.

Die Spielleitung spielt den Zeremonienmeister: Er klopft mit dem Stock drei-
mal auf den Boden. Dann begrüßt er nacheinander die Pärchen als Graf und
Gräfin Sowieso mit schön gruseligen Fantasienamen, z.B. Graf Hinkelbein und
Gräfin Nasentropf.

Sobald der Zeremonienmeister eine Spielerin als „Graf Dracula" vorstellt, rennen alle Gruselgestalten so schnell wie möglich weg. „Dracula" versucht näm-
lich, sie zu „beißen". Wer berührt wird, gilt als gebissen und wird neuer Zeremonienmeister.

Musik an, und weiter geht's.

Schnabulierspaß für die Halloweenparty

Der Klassiker zu Halloween sind die überall leuchtenden Kürbisfratzen. Sie dienten ursprünglich dazu, die an Halloween herumschwirrenden Geister der Toten abzuschrecken. Daran denkt aber heutzutage kaum noch jemand ... Inzwischen gehören sie ganz einfach zu einer zünftigen Halloweenparty-Deko dazu. Die Gesichterschnitzerei ist für Kita-Kinder recht schwierig (Anleitungen gibt's im Internet), aber für die Verwertung des Kürbisinneren haben wir uns hier was Leckeres einfallen lassen ...

Alter: ab 4 Jahren (mit Unterstützung der Erwachsenen)

Material: 1 großer Kürbis, 1 Schüssel, 1 Esslöffel für jedes Kind

So geht's: Zuerst den Deckel am Kürbis anzeichnen, der dann abgeschnitten wird. Das erledigt ein Erwachsener.
Anschließend buddeln die Kinder mit dem Löffel das Fruchtfleisch und die Kerne aus dem Kürbis heraus. Die Kerne kommen in ein extra Schälchen.

Kürbiskuchen „Spiros Spinnenbein"

Tipp: Wenn keine Kürbisfratze entstehen soll, kann man sich das Kürbis-Aushöhlen ersparen: Das Rezept funktioniert auch mit einem Hokkaido-Kürbis, der ungeschält verarbeitet werden kann.

Zutaten: 350 g Kürbisfleisch, 100 ml Wasser, 250 g Butter, 250 g Zucker, 1 Päckchen Vanillezucker, 1 Prise Salz, 6 Eier, 500 g Mehl, 1 Päckchen Backpulver, Schokoladenkuvertüre, Fruchtgummi und Marshmallowtiere wie Spinnen, Würmer, Mäuse usw.

Material: Messer, Brettchen, Waage, Messbecher, Topf, Kochlöffel, Rührschüssel, Pürierstab, Sieb, Pinsel

So geht's: Das Kürbisfleisch in Würfel schneiden.
Das Wasser in einem Topf aufkochen. Den Kürbis darin zugedeckt 10 Minuten köcheln und anschließend in einem Sieb abtropfen lassen. Dann das Kürbisfleisch in einer Schüssel pürieren.
Butter, Zucker, Vanillin-Zucker und 1 Prise Salz cremig rühren. Eier einzeln unterrühren.
Mehl und Backpulver mischen und abwechselnd mit dem Kürbisfleisch unterrühren. Den Teig in eine gefettete, bemehlte Napfkuchenform füllen.
Im vorgeheizten Backofen bei 175 °C 50–60 Minuten backen.
Abkühlen lassen.
Die Kuvertüre nach Anleitung schmelzen und den Kuchen einpinseln.
Dann die Fruchtgummis auf dem Kuchen verteilen und mit heller Zuckerschrift ein Spinnennetz auf den Kuchen malen.

Nein! Wir machen keine Kürbissuppe! Gemeinsam backen wir einen leckeren Horrorkuchen für die Halloweenparty. Das geht ganz einfach. Und alle helfen mit.

Sankt Martin

Melodie und Text: traditionell (Deutschland Ende 19. Jahrhundert)
Musikalische Bearbeitung: Dorle Ferber

F

1. Sankt Mar - tin, Sankt___ Mar - tin, Sankt___
2. Im Schnee saß, im___ Schnee saß, im___
3. Sankt Mar - tin, Sankt___ Mar - tin, Sankt___

F   B♭   F

1. Mar - tin ritt durch Schnee und___ Wind, sein
2. Schnee, da saß ein al - ter___ Mann, hatt'
3. Mar - tin zog die Zü - gel___ an, sein

C⁷   F

1. Ross, das trug ihn fort ge - schwind. Sankt
2. Klei - der nicht, hatt' Lum - pen___ an. „O
3. Ross stand still beim ar - men___ Mann. Sankt

F   C⁷

1. Mar - tin ritt mit___ leich - tem Mut, Sein___
2. helft mir doch in___ mei - ner Not, sonst___
3. Mar - tin mit dem___ Schwer - te teilt' den___

F   C⁷   F

1. Man - tel deckt' ihn warm___ und___ gut.
2. ist der bitt - re Frost___ mein___ Tod!"
3. war - men Man - tel un - ver - weilt.

4. Sankt Martin, Sankt Martin,
   Sankt Martin gab den halben still:
   Der Bettler rasch ihm danken will,
   Sankt Martin aber ritt in Eil'
   hinweg mit seinem Mantelteil.

Der Martinstag am 11. November erinnert an den Heiligen Martin von Tours, der Anfang des vierten Jahrhunderts in Ungarn in Sabaria geboren wurde, das damals zum römischen Weltreich gehörte. Während seiner Zeit als römischer Legionär nahm er dann den christlichen Glauben an. Später wurde Martin Mönch, und im Jahre 372 n. Chr. Bischof von Tours. Er verstarb 397 in Candes. Seine Berühmtheit verdankt er einer Legende, die auch Thema dieses sehr bekannten Liedes ist, das gerne bei den traditionellen Laternenumzügen gesungen wird. Die Botschaft: Teilen macht nicht arm. Was ich habe, reicht für uns beide. Darum macht teilen reich.

Martin teilt seinen Mantel

Eine Vorleseversion der Martinslegende

Vor langer langer Zeit lebte einmal ein ganz besonderer junger Mann.
Er hieß Martin, und er war römischer Soldat.
Von ihm will ich euch nun erzählen.

Eines Tages bekam Martin den Auftrag, in die nächste Stadt zu reiten.
Er nahm Helm und Schwert und schwang sich auf sein Pferd.
Als er sich auf den Weg machte, war es schon dunkel.
Der kalte Herbstwind blies Martin eisige Schneeflocken ins Gesicht.
Dankbar hüllte er sich ganz fest in seinen warmen roten Mantel ein. Ein Glück,
dass er den hatte.
Als Martin am Stadttor vorbeikam, saß dort ein armseliger Bettler im Schnee.
Ach, welch ein Elend! Er hatte Hunger und nichts zu beißen. Hatte kein Zuhause,
kein noch so ärmliches Dach über dem Kopf, und war in lausige Lumpen geklei-
det. Er fror so sehr, dass seine Zähne laut klapperten.
„Helft mir! Habt Erbarmen, so helft mir doch!", flehte der Bettler die Menschen
an, die vorbeikamen. Aber die Leute achteten gar nicht auf ihn.
Manche drehten die Köpfe weg und liefen schnell davon.
Andere taten so, als hätten sie gerade kein Geld dabei.
Es gab auch welche, die einfach abwinkten.
Verzweifelt streckte der Bettler immer wieder die Hände aus. Aber keiner half.
Und dann kam plötzlich Martin.
Er sah den frierenden Mann, hielt sein Pferd an und blieb vor ihm stehen.
Was dann geschah, war fast wie ein Wunder!
Stellt euch vor: mit einem Ruck zog Martin den schönen dicken warmen roten
Mantel aus.

Er hielt ihn hoch, und zack, schon hatte er ihn mit seinem Schwert in zwei Teile zersäbelt.

„Hier", sagte Martin und überreichte dem Bettler die eine Hälfte des Mantels. Die andere Hälfte aber behielt er selbst.

Der Bettler bekam vor Staunen den Mund nicht zu. Schnell wickelte er sich in die warme Mantelhälfte ein. Ach, war das weich und kuschelig.

Ihr könnt vielleicht vorstellen, wie froh er war. Und wie dankbar!

Martin hatte ihm das Leben gerettet. Aber er hat nicht nur seinen Körper erwärmt, sondern auch sein Herz.

Denn als der Bettler sich überschwänglich bedanken wollte, war Martin schon davongeritten.

Dieser Mann muss ein Heiliger sein, dachte der Bettler. Mit wem er es da zu tun hatte, das wusste er ja damals nicht.

Später beschloss Martin, dass er nicht mehr Soldat sein wollte.

Er wünschte sich, der Kirche zu dienen und wurde Mönch.

Dann wurde Martin Bischof, und er hat vielen weiteren Menschen geholfen.

Wahrlich ein Heiliger! Das ist er!

Ihm zu Ehren feiern wir bis heute das St. Martinsfest.

Komm zu mir, ich teil mit dir

Alter: ab 4 Jahren

Material: gut teilbare Kekse

So geht's: Die Kinder bilden einen Spielkreis. Eine Spielerin geht mit ihrem Keks in die Kreismitte und zählt mit folgendem Reim aus, mit wem sie ihren Keks teilt:

Teilen ist nicht selbstverständlich und muss gelernt werden, ansonsten ist alles „meins". Kinder können mit den folgenden Spielen die Erfahrung machen, dass teilen Spaß macht. Und zwar nach dem Motto: Wenn ich etwas teile, habe ich zwar weniger, aber geteilte Freude ist eben auch doppelte Freude.

Teilen, ja das ist ein Spaß,
wenn man teilt, hat jeder was.
Eins und zwei und drei und vier,
komm zu mir, ich teil mit dir!

Süßer Würfelspaß

Alter: ab 4 Jahren

Material: Teller mit Keksen, Farbwürfel

So geht's: Die Kinder setzen sich in einen Kreis und stellen den Teller mit den Keksen in die Mitte. Die Spielleitung würfelt.
Erscheint die Farbe „Rot", rufen die Kinder blitzschnell: „Stopp, jetzt wird geteilt!"
Wer am schnellsten war, darf sich einen Keks nehmen und sich aussuchen, mit wem dieser nun geteilt wird.

Ich gehe mit meiner Laterne

Melodie und Text: volkstümlich
Musikalische Bearbeitung: Dorle Ferber

24 39

F

Ich geh mit mei-ner La - ter-ne und mei-ne La-ter-ne mit

C

F   F

mir.— Dort o - ben leuch-ten die Ster-ne, hier un-ten leuchten

C

F

wir.— Der Mar - tins - mann, der zieht vo - ran, ra -

F

C   F

bim-mel, ra-bam-mel, ra - bumm. Wie schön das klingt, wenn

C   F

je - der singt, ra - bim - mel, ra - bam - mel, ra - bumm.

- Laternenlicht, verlösch mir nicht, rabimmel, rabammel, rabumm.
- Mein Licht ist aus, ich geh nach Haus, rabimmel, rabammel, rabumm.

Die Herkunft dieses Liedes ist unbekannt, erstmals schriftlich notiert wurde es im 19. Jahrhundert. Heute ist es das am häufigsten bei Laternenumzügen anlässlich des Martinstages gesungene Lied.

Das Li-La-Laternenchen

Alter: ab 4 Jahren (mit Unterstützung der Erwachsenen)

Material: leerer, sauberer Milch- oder Getränkekarton (2 Liter!), stabile Pappe, 1 Teelicht, 1 Rundholz (Laternenstabgröße) oder Stock in der Länge, Klebstoff, Schere, Messer, Draht, deckende Farben, Pinsel, farbiges Transparentpapier, Nagel

Wenn die Tage kürzer werden und Nebel auf den Wiesen liegt, ist die Zeit der Lichterfeste, Laternenumzüge und des Martinstags gekommen. Überall ziehen dann Kinder und Eltern mit ihren Lichtern singend durch die Straßen. Natürlich ist die Laterne selbst gemacht!

So geht's: Mit dem Messer oben den „Ausguss" am Karton gerade abschneiden. In den Karton Fenster ritzen oder schöne Muster herausschneiden. Den Karton bemalen, jeder wie er mag.

Wenn die Farbe getrocknet ist, auf der Innenseite an den Fenstern oder Mustern Transparentpapier aufkleben. Das Teelicht am Laternenboden festkleben (elektrische Beleuchtung ginge aber auch).

Mit dem Nagel an der Oberseite der Laterne zwei einander gegenüberliegende Löcher bohren. Durch diese Löcher den Haltedraht durchfädeln und auf beiden Seiten die Enden verzwirbeln.

Nun in den Stab in etwa 5 cm Höhe eine Kerbe ritzen.

In diese Kerbe den Aufhängedraht legen und verdrehen.

Loy Krathong — Thailändisches Lichterfest

Lichterfeste gibt es zu dieser Zeit nicht nur bei uns. Ein besonders schönes Fest aus Thailand möchten wir hier vorstellen: Loy Krathong.

Zum November-Vollmond, wenn die Reisernte und die Regenzeit zu Ende geht, wird das besinnliche Lichterfest „Loy Krathong" gefeiert. Unzählige kleine, meist selbst gebastelte und beleuchtete Schiffchen werden zu Wasser gelassen, und dazu wünschen sich die Menschen viele Dinge, die in Erfüllung gehen sollen. Um materielle Wünsche handelt es sich dabei allerdings nicht. Im ganzen Land werden am Abend dieses Tages den „krathong" (wörtlich übersetzt: Floß) kleine Zettel mit geheimen Wünschen, Räucherstäbchen oder auch kleinen Münzen mitgegeben. Mit den Lichtern, die im Fluss ausgesetzt werden, soll zudem die Wassergöttin Mae Khongha besänftigt werden.

Die wunderbare Idee, Leuchtschiffchen zu basteln und sie mit geheimen Wünschen bepackt ins Wasser zu setzen, lässt sich sehr gut mit Kindern umsetzen.

Leuchtschiffchen-Bastelei

Alter: ab 4 Jahren (mit Unterstützung der Erwachsenen)

Material: runde Käse- oder andere Schachtel (keine Pappe), Transparentpapier in Pastellfarben, Schere, Klebstoff, Teelicht, kleine Wunschzettel, Stifte, buntes Garn

Die Leuchtschiffchen in Thailand haben meist die Form einer Lotosblüte. Die zarten Blüten in Pastellfarben erinnern an unsere Seerosen. Sie sind hellgelb, gelbgrün, weiß, zartrosa und wunderschön.

So geht's: Aus dem Transparentpapier 20 cm breite Streifen schneiden. Eine Seite der Streifen in der Form von Lotosblütenblättern einschneiden. Dann den ersten Streifen an der Innenseite der Schachtel festkleben. Darauf folgt die nächste Lage usw. Zum Schluss das Teelicht in der Mitte der Schachtel festkleben und die „Blütenblätter" schön nach außen biegen.

Während dieser Aktion überlegen sich die Kinder ihren Herzenswunsch. Die Spielleitung schreibt ihn dann auf das Wunschzettelchen.
Der Wunschzettel wird zusammengerollt, mit einem Garn verschlossen und zwischen die Blütenblätter in das Schiffchen gegeben.

Die Kinder schicken ihre heimlichen Herzenswünsche in einem Bach oder einem Fluss auf die Reise, und je länger die Schiffchen leuchten, desto eher, so heißt es, werden auch die Wünsche in Erfüllung gehen. Am schönsten ist es, wenn alle gemeinsam bei einer festlichen Zusammenkunft in der Dunkelheit möglichst viele Leuchtschiffchen mitsamt den Wünschen dem Fluss des Wassers anvertrauen. Ein zauberhaft magischer Anblick – und nun mögen all die heimlichen Wünsche in Erfüllung gehen ...

Das Zwergen-Laternenlauflied

Musik: Tobias Escher
Text: Hartmut E. Höfele

1. Hin - ter den sie - ben Ber - gen im Zwer-gen-wald bei
2. Der Mond scheint heut am Him - mel, will nicht al - lei - ne
3. So geh'n wir im Kreis he - rum und sin - gen al - le

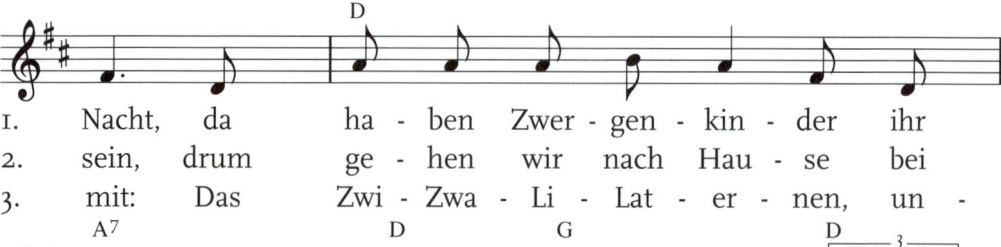

1. Nacht, da ha - ben Zwer - gen - kin - der ihr
2. sein, drum ge - hen wir nach Hau - se bei
3. mit: Das Zwi - Zwa - Li - Lat - er - nen, un -

1. Licht-lein an - ge - macht. 1.–3.
2. hel - lem Mon - den-schein. Am Him-mel leuch-ten Ster - ne und
3. ser La - ter - nen - lied.

hier leuch - ten La - ter - nen. Wir lau - fen al - le,

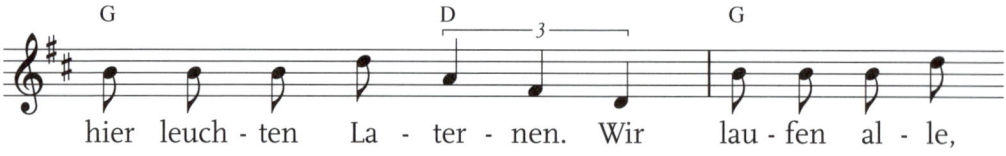

kommt lauft mit, wir lau - fen al - le, Schritt für Schritt.

Spielimpulse: Mit diesem Lied lernen Zwergenkinder bereits früh das Laufen mit der Laterne. Natürlich kommen hier die selbst gebastelten Laternen zum Einsatz (siehe S. 41). Zunächst stellen sich alle im Kreis auf und schreiten im Takt zur Musik hintereinander her.

Denkbar sind auch folgende Varianten:

* Das Licht im Raum wird gelöscht und der Laternenzug geht im Kreis herum.
* Die Kinder machen in der Dunkelheit einen Rundlauf um einen Feuerkorb.
* Schön ist auch der Rundgang im Wiegeschritt um eine große Kerze.
* Oder die Kinder bewegen sich zur Musik frei im Raum.
* Wie wär's mit einem kleinen Laternentanz? Die Kinder stellen sich im Kreis auf, jeder dreht sich um die eigene Achse, dann kommen alle in der Mitte zusammen und gehen sternförmig wieder auseinander.

Takibi – Lichterfesttanz

Melodie und Text: traditionell (aus Japan)
Dt. Text: Sybille Ruisinger, Musikalische Bearbeitung: Dorle Ferber

46

C   G

Ka - ki - ne - no,   Ka - ki - ne - no,   ma - ga - ri - ka - do.
Küh - le Win - de,   kur - ze Ta - ge,   hat der Herbst ge - bracht.

C   F   C   G   C

Ta - ki - bi - da,   Ta - ki - bi - da,   O - chi - ba - ta - ki.
Zün - det eu - re   Lich - ter an und   tragt sie in die Nacht.

G   C

A - ta - rou - ka   A - ta - rou - yo,
Warm und   freund - lich   schim - mert nun die Welt,

G   C

Ki - ta - ka - ze   Pi Pu   fu - i - te - i - ru.
wir Lat - er - nen - kin - der   ha - ben sie er - hellt.

*Ein zauberhaftes Herbstlied aus dem fernen Japan, das sich sehr gut für einen beglei-
tenden Schreittanz eignet.*

Takibi-Lichtertanz

Für unseren besinnlichen Lichtertanz denken sich alle Beteiligten zusammen vorher eine Choreografie mit fest verabredeten Laufwegen aus.

Alter: ab 4 Jahren

Material: Nussschalen-Lichtlein (Bauanleitung siehe unten)

So geht's: Zuerst stellen sich die Kinder mit ihren Lichtlein im Kreis hintereinander auf. Und dann wird erst mal „trocken" geübt. Auf ein Zeichen der Spielleitung trippeln alle Kinder mit kleinen Schrittchen los. Ihr Lichtlein halten sie vor sich. Auf ein weiteres Zeichen ändern die Kinder die Richtung. Wessen Licht verlöscht, setzt sich in die Kreismitte.
Wenn alle ihr Lichtlein sozusagen „im Griff" haben, schreiten die Kinder singend ihre vereinbarten Wege.

Nussschalen-Lichtlein

Material: durchsichtige Glas oder Kunststoffschale (z. B. Salatschälchen), Nussschale, Kerzenwachs, Docht, Wasser, Feuerzeug

Dieses Lichtlein ist einfach zu basteln und hat den Vorteil, dass nicht viel passieren kann, wenn es mal aus der Hand fallen sollte.

So geht's: Das Kerzenwachs erhitzen und in die Hälfte einer Nussschale gießen. Die Schale nicht bis oben füllen. Dann einen Docht in das Wachs halten und warten bis er von selber hält.
Die Schale halb mit Wasser füllen. Docht anzünden und das Nusslichtlein ganz vorsichtig in die Schale setzen. Bei einer unvorsichtigen Bewegung kippt die Nuss um und das Lichtlein geht aus.

Die Mitwirkenden der CD

KinderMusikTheater Firlefanz • Unsere LIVE-Programme und unsere CD-Produktionen begeistern die ganze Familie: Auf Kulturveranstaltungen, Festivals, in Schulen, bei Stadtfesten, und in Kitas … Überall wo ein anspruchsvolles Kindermusikprogramm gewünscht wird. www.firlefanz-kinderlieder.de

Hartmut E. Höfele • Musikproduzent, Sound-Collagist, Liedermacher und Kinderbuch-autor. Er gründete das Kindermusiktheater Firlefanz, erdenkt, erfühlt und produziert regelmäßig Musik, Hörspiele und Bücher für Kleinste und Größere.
www. hoefele-hartmut.blogspot.de

Dorle Ferber • Sängerin, Geigerin, Komponistin, Chorleiterin, Autorin, Pädagogin. Sie lebt am Bodensee, schreibt & musiziert gerne für Kleine und Große. Arbeitet seit Jahren mit Hartmut E. Höfele zusammen. www.dorle-ferber.de

Tobias Escher • 2000–2006 Studium der Musikpädagogik am Hohner-Konservatorium-Trossingen. Akkordeonvirtuose. Theatermusiker. Begleitet Hartmut E. Höfele live bei Kindermusik Veranstaltungen. www.tobias-escher.de

Susanne Steffe • Ihre lebendigen Liedtexte sind ebenso wie ihre fantasievollen Geschichten immer nah am Erleben und Fühlen von Kindern. Mit leichter Feder beschreibt sie kreative Umsetzungsformen – aus der Praxis für die Praxis.
www.susannesteffe.blogspot.de

Günter Geisinger • Sozialpädagoge, Gründungsmitglied des KinderMusikTheaters Firlefanz, www.midnight-tokers.de   www.shantychor.de

Leona Unrath, Ali & Evin Insan, Valentin Zintel, Nele & Jonn Swoboda, Lilith Heinlein • Nicht zu vergessen unsere jungen Stimmen im Ensemble.

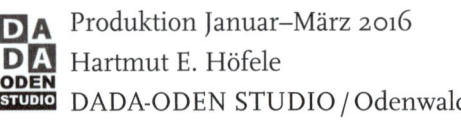 Produktion Januar–März 2016
Hartmut E. Höfele
DADA-ODEN STUDIO / Odenwald